LA

PROPOSITION DAHIREL

ET LA CONSTITUTION FRANÇAISE

LA
PROPOSITION DAHIREL

ET LA

CONSTITUTION FRANÇAISE

PAR G. VÉRAN

« Si l'on peut approfondir la question, on trouvera, dans les monuments du droit public français, des caractères et des lois qui élèvent la France au-dessus de toutes les monarchies connues. » — DE MAISTRE.

TOULOUSE

AUX BUREAUX DE *L'ÉCHO DE LA PROVINCE*

28, RUE DE LA POMME, 28

CHEZ DELBOY PÈRE, LIBRAIRE

71, Rue de la Pomme, 71

—

1871

INTRODUCTION

La *Décentralisation* de Lyon s'est efforcée de nous démontrer que l'Assemblée actuelle est constituante. Et sur quoi s'est-elle fondée? 1° Sur les termes de convocation employés au mois de septembre dernier ; 2° sur ce que, en diverses occasions, l'Assemblée a fait comprendre qu'elle s'attribue le pouvoir constituant ; 3° sur ce que les électeurs du 8 février n'ont pas donné de limite au mandat de l'Assemblée.

Sur le premier point, nous répondrons qu'il faut s'appuyer, pour résoudre le côté légal de la question, non sur ce que voulaient, en septembre, les membres du gouvernement provisoire, non sur les termes d'une convocation qui par deux fois n'a pas eu de suite, mais sur les termes de la convocation officielle qui ordonna les élections du 8 février, et sur les clauses de l'armistice. Dans l'un comme dans l'autre de ces documents qui, au moment des élections, pouvaient seuls diriger la pensée publique, il n'est nullement question d'attribuer à l'Assemblée le caractère d'une Assemblée constituante, c'est-à-dire chargée spécialement d'édifier une quinzième constitution.

La *Décentralisation*, en abordant la question de légalité qu'elle avait, dit-elle, *négligé* de traiter, avoue que le mot de constituante ne fut point répété dans le dernier décret du 28 janvier ; mais, dit-elle, c'est qu'il l'avait été suffisamment dans le décret du 8 septembre : d'ailleurs, toujours selon la *Décentralisation*, le décret définitif du 28 janvier se référait au décret du 8 septembre et *n'en était qu'une sorte d'amplification*.

Pour une question capitale comme celle d'une constitution définitive à donner à la France, le gouvernement de Bordeaux, qui n'était plus alors la dictature de Gambetta et qui exécutait des ordres de Paris en opposition à ceux du dictateur, le gouvernement d'alors eut très certainement dû préciser la mission de l'Assemblée, si cette Assemblée avait dû être *constituante* dans le sens donné à ce mot par toutes les nuances de la révolution et même par le langage usité depuis le serment du Jeu de Paume, qui créa la première *constituante...* ce dont la France n'a pas eu à se féliciter beaucoup.

Il est de notoriété européenne, de notoriété officielle, que la mission spéciale attribuée à l'Assemblée qui devait sortir des élections du 8 février était de traiter de la paix et de la guerre, et l'opinion publique, comme la raison des choses, ne donnait d'autre mandat moral à cette Assemblée que celui d'user de la souveraineté dont l'exercice lui était provisoirement délégué à la suite de nos désastres, pour préparer les voies au définitif.

Il serait facile de revenir en détail sur l'état de l'esprit public au moment des élections et sur l'effet produit par les clauses de l'armistice dont ne parle pas la *Décen-*

tralisation, et par les termes du décret de convocation.

Il ne s'agissait que de la brûlante et désolante question de paix, sur laquelle même aucun pouvoir formel ne fut remis aux députés.

Mais c'est précisément parce que les électeurs n'ont pas défini exactement le mandat de l'Assemblée actuelle, qu'il ne faut pas transformer sa souveraineté provisoire en pouvoir *constituant*, par la raison bien simple et qui devrait être saisie de suite par des légitimistes, que la souveraineté peut s'exercer dans le sens du bien comme dans le sens du mal, c'est-à-dire, dans le sens légitimiste comme dans le sens révolutionnaire, tandis que le pouvoir *constituant* ne peut s'exercer que contre la monarchie représentative traditionnelle, c'est-à-dire *constituée* par les siècles.

De l'absence de mandat vous concluez au pire, au dangereux, à l'erreur constituante que nous combattons depuis le jour où, au lieu de faire passer dans les faits les principes constitutifs de la France consacrés par les Cahiers de la nation, une

Assemblée usurpatrice, se déclarant constituante, voulut imposer à la France une
constitution exotique qui était la violation
de ses lois fondamentales.

De l'absence de mandat au 8 février,
nous devons conclure, au contraire, que
le plus sage est de n'attribuer d'autre mission à l'Assemblée que celle qui résulte :
1º du dernier décret de convocation et des
clauses de l'armistice ; 2º du mandat moral
de préparer les voies aux solutions définitives.

Vous dites : l'Assemblée se croit constituante ; donc, elle l'est.

Réponse catégorique :

L'Assemblée n'a pas d'autre raison de
s'attribuer le pouvoir constituánt que
les raisons qui sont dans la raison publique.

Et si l'Assemblée voulait se proclamer
CONVENTION NATIONALE ; d'après votre principe de circonstance, elle en aurait donc
le droit?

Nous avons dit, dès le premier jour :

L'Assemblée n'est pas constituante, mais elle est souveraine pour le bien, c'est-à-dire dans la légalité et dans le droit.

Elle a pour devoir, non de *constituer* la France, ce qui est la grande erreur révolutionnaire de ce siècle, erreur qui vient de causer la ruine de notre capitale; mais de reconnaître, dans sa souveraineté, ce qui est constitué légitimement par les lois fondamentales du pays.

Craignez de tomber dans la faute que commettent les républicains.

Vous dites, avec vérité, que les républicains ne refusent le pouvoir constituant à l'Assemblée que parce que la majorité de cette Assemblée est monarchique.

Franchement, ne serait-ce pas parce que cette Assemblée est monarchique que vous lui attribuez le droit constituant, droit purement révolutionnaire, car il est la négation de ce qui est constitué?

L'Assemblée se croit constituante, dites-vous? Est-ce à dire qu'une Assemblée est infaillible et souveraine absolue? Alors, tant valait-il garder Bonaparte! Non, l'Assemblée se croit souveraine pour le bien, et elle a raison, et cela suffit pour terrasser la révolution.

Nos amis, nous l'avons dit, doivent se défier des courants d'usurpation qui essayent d'entraîner l'Assemblée.

Il n'y a que les partis qui nient la constitution naturelle de la France et qui ont besoin de chartes bâclées et octroyées qui aient intérêt à pousser l'Assemblée dans la voie constituante.

Comment ne voyez-vous pas, ce qu'il y a de simple, de loyal, de national, de décisif et de pratique dans la proposition que j'ai faite dernièrement à nos amis de l'Assemblée et de la presse?

J'ai dit qu'il était inutile et dangereux d'attribuer le droit constituant à l'Assemblée, et qu'il suffisait à sa gloire et pour le salut de la France qu'elle déclarât reconnaître les principes de notre droit national (1).

Je reproduis plus loin la formule que je proposais à la discussion de nos amis.

(1) Voir notre récente brochure : *Place au Droit national de la France.*

Je puis me tromper, mais je puis avoir raison.

Le temps presse... J'attends qu'on me prouve que le *droit constituant* est une formule légitimiste, et qu'on peut *constituer* à nouveau la France sans faire de la révolution, c'est-à-dire, sans nier ce qui est légitimement constitué depuis quatorze siècles.

LA PROPOSITION DAHIREL

ET

LA CONSTITUTION FRANÇAISE

PROPOSITION BAZE

Il nous semble que les propositions contra-dictoires de MM. Baze et Dahirel sont un premier pas de fait en dehors du *statu quo*. Mais il ne suffit pas d'avancer, il faut s'efforcer de prendre le droit chemin. S'engager dans une voie funeste, ce serait presque justifier les appréhensions qui servent de prétexte à M. Thiers pour prolonger le provisoire.

La proposition de M. Baze a donné un corps aux prétentions du chef du pouvoir exécutif. Les termes de cette proposition révèlent chez l'honorable signataire des préoccupations que rien ne justifie, et qui sont une offense aux irrésistibles tendances de l'opinion publique vers un état de choses définitif.

Nous ne voudrions pas accuser M. Baze de scepticisme politique, et pourtant, comment qualifier l'état d'esprit que manifeste sa proposition ?

Il compte sur un provisoire qui ne satisfait ni les républicains ni les monarchistes, qui laisse à la négation révolutionnaire toute la latitude dont elle a besoin pour renouveler son infernale lutte contre l'ordre social tout entier ; il compte sur ce provisoire gouverné par un vieillard qui semble personnifier l'instabilité, la décadence et la ruine, pour accomplir l'œuvre grandiose de la restauration de la société française !

Il est évident que M. Baze, pour entreprendre cette œuvre surhumaine, ne compte employer, comme instrument, que la seule habileté des hommes d'Etat, et nullement la puissance féconde des principes d'autorité vraie et de liberté vraie, dont le triomphe parmi nous peut seul, en nous réhabilitant aux yeux de Dieu, aux yeux du monde et à nos propres yeux, rendre possible cette œuvre d'organisation et de restauration nationale que M. Baze met au lit de Procuste de sa proposition.

Nous croyons, au fond, que M. Baze, sciemment ou à son insu, cache, dans sa proposition ABSURDE, une arrière-pensée d'usurpation qui sera, tôt ou tard, révélée au public peu initié et trop confiant.

M. Baze nous dit, entre autres choses impossibles :

« Art. 1ᵉʳ. — L'Assemblée nationale ne se dissoudra pas :

1° Avant d'avoir pourvu à l'exécution du traité de paix consenti et signé le 30 mai dernier ;

2° Avant d'avoir assuré l'indemnité de guerre;

3° Avant la cessation de toute occupation étrangère sur le territoire français ;

4° Avant d'avoir pourvu *à l'organisation, par des lois générales, à tous les services publics, militaire, administratif et financier ;*

5° *Avant d'avoir fait les lois organiques sur l'administration et achevé les lois électorales.* »

Cette proposition est absurde, avons-nous dit, et nous le prouvons scientifiquement :

1° Les lois générales et organiques, pour être définitives, ont besoin d'une sanction qui ait un caractère définitif ;

2° Ces lois doivent être en rapport logique avec l'Etat social, politique et religieux, que devra nécessairement réaliser la restauration des lois qui constituent le pouvoir *définitif* ;

3° Ce pouvoir définitif, on le sait, ne peut être, selon nous, que le pouvoir qui a fait l'unité française : la monarchie héréditaire et représentative.

Or, les lois qu'annonce **M.** Baze pourront bien s'adapter au régime que rêve **M.** Thiers, mais nullement à la constitution naturelle et définitive que la France entend restaurer.

Ces considérations suffiront seules pour faire retirer la proposition Baze, qui ne saurait être défendue que par les hommes de parti intéressés à prolonger indéfiniment l'état de révolution.

Une dernière considération, mais décisive :

Pourquoi M. Baze veut-il prolonger le provisoire? C'est afin d'assurer aux réformes législatives les perspectives d'un lendemain. En cela, il rend un hommage indirect mais réel au définitif que nous réclamons avec la France entière.

La proposition de M. Baze est donc condamnée par le sens commun.

Elle n'arrêtera pas la marche de l'esprit public vers les solutions nationales.

Examinons la proposition de M. Dahirel.

PROPOSITION DAHIREL

I

La pensée qui a inspiré la proposition de M. Dahirel se retrouve tout entière dans la lettre que cet honorable député a adressée à l'*Echo français*.

Cette pensée, c'est la condamnation absolue du provisoire et l'affirmation de cette vérité que la majorité du peuple français, ayant manifesté ses sentiments monarchiques par l'élection d'une assemblée monarchique, il est urgent de rentrer dans le définitif par un retour immédiat à la monarchie traditionnelle.

M. Dahirel, dans sa remarquable lettre à l'*Echo français*, nous paraît trop se préoccuper de certaines fautes commises par M. Thiers avec la connivence de l'Assemblée. Si l'Assemblée l'avait voulu, M. Thiers n'eût pas choisi le ministère dans la minorité. Mais après chacun des empiètements du président du conseil, l'Assemblée s'est empressée, depuis quatre mois, de donner un encouragement pour l'avenir par un vote de confiance. Il est très évident, et nous l'avons dit souvent, que le choix du ministère a influé sur les événements que nous déplorons tous... Mais la cause principale de ces événements a été, avec le rappel du gouvernement à Paris et de l'Assemblée à Versailles, le maintien systématique, par M. Thiers, du provisoire républicain.

Nous affirmons, sauf à en faire plus tard l'objet d'une démonstration complète, nous affirmons que la grande faute de M. Thiers a été de refouler le mouvement monarchique du 8 février. Après le vote de la paix, la France pouvait et devait être immédiatement invitée à se prononcer sur le fait usurpateur du 4 septembre. Et, certainement, la France condamnant la nouvelle et à jamais funeste expérimentation républicaine, se fût sauvée elle-même par un prompt retour à la monarchie représentative.

Que nous fait à nous l'activité de ce vieillard prétendant nous tirer de l'abîme où ses erreurs de 1830 et de 1871 nous ont précipités... et qui veut, dans son immense orgueil, dominer la révolution en maintenant dans le passé, dans le présent et dans l'avenir, la cause de cette révolution ?

Œuvre impossible à Dieu !... car Dieu, la logique même, la raison éternelle, ne peut faire que le principe de la révolte produise logiquement l'ordre et la paix.

II

Une autre préoccupation de M. Dahirel dans sa lettre, préoccupation qui trouve sa formule dans la proposition qu'il a déposée, est que la France éprouverait le besoin d'avoir *une constitution*. M. Dahirel revient plusieurs fois sur ces mots : *Une constitution...*

« Quelle constitution donner à ce pays qui veut absolument sortir du provisoire ? »

« Une constitution, M. Thiers y résiste. »

M. Dahirel ne suppose pas un instant que la France ait une constitution naturelle : il parle de faire une constitution comme en parlerait un républicain, un orléaniste ou un bonapartiste. Et cependant l'honorable et vaillant député croit opposer un grand acte légitimiste à la proposition révolutionnaire de M. Baze.

Dans cette préoccupation de M. Dahirel de donner *une constitution* à la France au lieu de lui rendre purement et simplement sa constitution quinze fois séculaire, nous voyons déjà une tendance dangereuse pour le sens doctrinal de sa proposition.

Il y a plus : sans nous informer si M. Dahirel est l'unique promoteur de sa proposition, ou si cette proposition est le résultat d'une entente avec les diverses opinions représentées par la majorité monarchique, nous exprimerons une crainte.

Il n'est pas possible que tous ces bruits de fusion n'aient pas eu pour fondement certains rapprochements entre les orléanistes prêts à se rallier et cette fraction de légitimistes qui, dans la pratique de l'union libérale et des coalitions électorales, ont pu retenir, à leur insu peut-être, quelques-unes des erreurs parlementaires que l'anglomanie orléaniste de 1830 a introduites ou remises en honneur parmi nous.

Nous avions prédit, sous l'Empire, que l'union libérale exaltée par quelques-uns de nos amis nous conduirait à des concessions de principes, après nous avoir abreuvés de déceptions électorales.

Les partisans des coalitions électorales sous l'Empire ne cessaient de répéter (nous avons les textes en mains) qu'il fallait mettre de côté les questions dynastiques, la défense des principes monarchiques, afin de ne pas entraver l'œuvre d'union sur le terrain de la liberté. Un haut personnage légitimiste écrivait dans le *Correspondant* que la question religieuse même devait être mise de côté.

Il fallait s'unir *quand même* avec des hommes libéraux de tous les partis : les Jules Favre, les Picard, les Jules Simon eurent les voix de nos amis : ils arrivèrent à la Chambre et nous ont donné le 4 septembre et ses suites.

III

Ce *frottement* avec les hommes de révolution ne pouvait que nous être funeste. Cette alliance avec les parlementaires qu'un publiciste illustre appela jadis *les Anglais de l'intérieur*, devait laisser des traces d'erreurs doctrinales dans l'esprit de ceux de nos amis qui avaient cru qu'on pouvait conquérir la liberté sous l'Empire... c'est à-dire en dehors de la monarchie légitime, en dehors du principe d'ordre, mis de côté par l'union libérale.

Or, la plus fondamentale des erreurs glorifiées par le parlementarisme contemporain, c'est l'erreur constituante. C'est cette erreur primordiale qui a transformé en révolution démocratique le mouvement réformiste de 1789, et causé, depuis 80. ans, comme M. de Belcastel l'a si courageusement proclamé à la tribune de Versailles, toutes les insurrections triomphantes, qui sont comme les anneaux de la même chaîne logique.

Cette erreur constituante consiste à croire que la France, n'ayant pas de constitution naturelle, de droit public traditionnel, de lois fondamentales, peut et doit être constituée à nouveau par les partis triomphants.

De sorte que, dans la pratique, cette erreur s'est condamnée elle-même : depuis quatre-

vingts ans, tous les pouvoirs qui se sont suc-
cédés ont voulu constituer notre pays.

Après avoir nié et violé la constitution naturelle de la France, notre droit national consti-
tutif de l'ordre monarchique héréditaire et de
la liberté représentative, on a dit à la France :
tu seras une démocratie royale ; tu seras une
république, avec la terreur, avec un directoire,
avec un consulat ; tu seras un empire, une
monarchie constitutionnelle avec une charte
octroyée par le roi, un gouvernement parlementaire avec une charte bâclée et octroyée par
une chambre de censitaires ; tu seras encore
une république, puis encore un empire, puis
encore une république, etc.

La démonstration par l'absurde est faite : la
France ne peut pas être tout cela. Il faut bien
pourtant qu'elle soit quelque chose, quelque
chose que les partis triomphants et constituants
aient intérêt à cacher. A travers toutes ces
expérimentations constituantes qui ont passé
sur la France et qui toutes ont maintenu l'état
de révolution, on distingue, faussés dans leur
application par l'exclusivisme des partis, les
deux principes fondamentaux de la constitution
naturelle de la France :

Un pouvoir un et héréditaire et une représentation élective du pays. L'unité monarchique
et la participation de la nation au vote de l'impôt et à la confection des lois se dégagent de
toutes ces constitutions exotiques qui se sont

imposées à la France depuis 1791 jusqu'à 1870.

Les partis créés par la révolution subissaient, au jour de leur triomphe, l'influence souveraine des lois fondamentales contre lesquelles tout ce qui se fait est nul de soi.

Ils proclamaient les principes en les faussant dans l'application. Le premier empire, l'usurpation de Juillet et le deuxième empire ont admis l'hérédité dans la transmission du pouvoir. Les mêmes régimes et les trois républiques expérimentées, depuis 89, ont admis le principe d'une représentation quelconque du pays.

Seulement, en proclamant l'hérédité, les pouvoirs usurpateurs s'attribuaient le droit de l'héritier. En reconnaissant le principe de la représentation nationale, ces mêmes pouvoirs le faussaient par le suffrage restreint, par le vote au canton et le scrutin de liste, ou par l'organisation puissante de la candidature officielle sous la protection d'un despotisme violent.

Mais les deux principes de notre droit public subsistent immortels comme toute loi fondamentale. Notre droit national dans ses deux termes contemporains du berceau de la France, l'hérédité du pouvoir monarchique et la représentation générale de la nation, dans des assemblées élues par l'universalité des citoyens, survit à toutes nos expérimentations, à toutes nos révolutions, à tous nos désastres.

Tout croule depuis 80 ans : la constitution de 91, la constitution de l'an III, la constitution directoriale, la constitution de l'an VIII, la constitution impériale, la charte de 1814, la charte de 1830, la constitution de 1848, la constitution de 52 et de 70.

Tout est dévoré par la révolution constituante, par l'erreur constituante des partis... comme sera dévoré tout ce qui sera fait en violation des lois fondamentales de la France. —

IV

La France est constituée. La constitution naturelle de la France depuis Clovis jusqu'à Henri V, c'est la monarchie représentative, c'est-à-dire le gouvernement modèle sorti, comme dit Montesquieu, des forêts de la Germanie et que Tacite a admiré comme Montesquieu, quand il a dit en parlant des Francs :

« Chez ces peuples, la royauté est à l'héré-
» dité..... les affaires peu importantes sont ré-
» glées par les chefs, les autres par la nation.»

La révolution n'aura détruit qu'une chose : l'erreur constituante des partis ; elle n'aura fait triompher qu'une chose : la vitalité féconde et souveraine des principes qui ont fait la France et qui, seuls, peuvent la refaire prospère, grande et libre.

Ces principes d'ordre et de liberté sont constitutifs, la France est constituée : il n'y a donc qu'à restaurer.

Nous nous étonnons que M. Dahirel n'ait pas compris cela ; qu'il ait recherché l'adhésion des parlementaires orléanistes en donnant à sa proposition, pour la forme et le fond, le sens d'une proposition constituante, c'est-à-dire révolutionnaire. Nous comptons le prouver et nous espérons arracher l'honorable député du Morbihan à cette redoutable erreur.

V

Nous croyons avoir démontré que ces mots, *Pouvoir constituant*, ne peuvent offrir à l'esprit qu'un sens révolutionnaire et que les légitimistes de l'Assemblée ne peuvent se reconnaître constituants sans mettre en question ce qui est constitué par les lois fondamentales. Elevée à cette hauteur, la question se simplifie. Il ne s'agit plus, pour nos amis, de savoir si l'Assemblée est ou n'est pas constituante, mais si elle peut l'être sans s'exposer à faire une œuvre de révolution, à recommencer le cercle de nos ruineuses expérimentations.

A diverses reprises, nous nous sommes attaché à prouver, dans la loyauté de nos convictions, que l'Assemblée de Versailles, élue

dans des circonstances exceptionnellement dou-
loureuses et lamentables, n'avait reçu pour mission, suivant les termes du décret de convocation et les clauses de l'armistice, que de statuer
sur la paix ou sur la guerre, et pour mandat
moral résultant de notre situation désastreuse,
que de préparer les voies au définitif, de mettre
la France, maîtresse de ses destinées, en me-
sure de rentrer dans les conditions de sa vie
normale. Nous n'avons cessé de soutenir, sans
qu'aucune contradiction sérieuse soit venue in-
firmer nos convictions, que l'Assemblée élue
le 8 février était, par le fait de nos révolutions,
souveraine pour le bien, c'est-à-dire dans le
sens de son mandat moral, dans la limite de la
légalité et du droit.

Souveraine, mais nullement souveraine absolue, car si elle se croyait souveraine absolue,
comme la *Convention*, elle s'élèverait au-dessus
de notre droit national, au-dessus de la souveraineté nationale, au-dessus de la raison publique et de la raison des choses, au-dessus de la
logique et de la morale universelles, au-dessus
de la raison de Dieu. Cela ne peut être dans la
pensée des légitimistes de l'Assemblée et de la
presse.

Et cependant l'unique argument qu'on nous
oppose est celui-ci : L'Assemblée se croit et se
dit constituante, donc elle l'est.

N'est-ce pas là reconnaître la souveraineté
absolue d'une Assemblée élue sans mandat

formel ? Pour des légitimistes, n'est-ce pas là la plus dangereuse des erreurs ?

L'Assemblée souveraine absolue, l'Assemblée pouvant, du jour au lendemain, devenir ou se faire ce qu'elle veut être, aujourd'hui Constituante, demain Législative, après-demain Convention, puis Parlement perpétuel, que sais-je ? mais n'est-ce pas la révolution tout entière à sa proie attachée ?

Après 80 ans d'épreuves sans nom, d'anarchie et de despotisme, de désastres et d'effondrement ; alors que, courbée sous la main de Dieu, la France va s'échapper triomphante et libre, du cercle des négations et des révolutions périodiques, on veut nous ramener au point de départ, non pas pour nier et supprimer solennellement la cause, mais pour l'exalter de nouveau ; non pas pour reprendre l'œuvre interrompue de Louis XVI et de la France des cahiers, mais pour recommencer l'œuvre constituante de l'orgueil humain, créant des chartes pour y enfermer l'autorité légitime, au lieu de déclarer purement et simplement le droit national du roi et la liberté, ce droit divin des peuples, comme antérieurs et supérieurs aux volontés inconstantes et contradictoires des partis enfantés par la révolution !

Que les légitimistes le sachent bien, si l'Assemblée est souveraine absolue (et c'est proclamer qu'elle est souveraine absolue que de la déclarer constituante, sans même essayer de le démontrer, sans même supposer qu'on pût en douter comme le fait M. Dahirel), si l'Assemblée est souveraine absolue, le peuple de France et le roi ne sont plus rien traditionnellement et constitutivement parlant. L'Assemblée se déclarant constituante au lieu de déclarer ce qui est constitué par le droit public, l'Assemblée reconnaît légitimes les constitutions et les chartes passées, présentes et futures.

La convention, l'empire, la révolution de 1830, la république de 48, l'empire de 52, le 4 septembre, tout est justifié : car la souveraineté absolue de l'Assemblée implique la souveraineté absolue du peuple, le droit constituant des Assemblées implique le droit constituant du peuple et le droit constituant des despotes qui font les 18 brumaire et les coups d'Etat contre les Assemblées et contre le peuple.

. Si l'Assemblée est souveraine absolue et constituante, c'est-à-dire si elle peut supposer que la France n'est pas constituée depuis quinze siècles, qu'elle ne possède aucune loi fondamentale, aucun droit public liant moralement les générations nouvelles, dans cinq ans, dans dix ans, une assemblée élue sans mandats formels, sans pouvoirs limités, s'appuyant naturellement sur le précédent de 1871, voudra aussi reconstituer la France, et défaire l'œuvre de l'Assemblée de Versailles.

Assy répondant à Picard : J'ai fait ce que vous avez fait en septembre 1870, en 1848, en

1830 ; Assy est le grand justicier de la révolution dont il fut l'apôtre et la victime... Assy a
raison contre M. Thiers.

L'Assemblée actuelle songe-t-elle à nous re-
plonger dans l'erreur constituante de la révolution qui nous a conduit au 18 mars, ou veut-
elle rentrer dans l'ordre traditionnel, dans la
légitimité du roi et du peuple constituée par les
lois fondamentales ? Qu'elle y songe ! l'heure est
solennelle.

VI

Reproduisons les termes de la proposition
de M. Dahirel.

« L'Assemblée nationale constituante, nommée
par le suffrage universel, considérant qu'il importe de fixer définitivement la forme de gouvernement en France, arrête :

» Art. 1er. Une commission de 15 membres sera
élue le 22 juin prochain, à l'effet d'étudier et
élaborer un projet relatif à la forme définitive
du gouvernement.

» Art. 2. Pour faire le choix des membres de
cette importante commission, l'Assemblée ne
tiendra pas de séance publique les 21 et 22 juin
prochains.

» Art. 3. La Commission devra déposer son
projet le 3 juillet prochain au plus tard, afin

que ce projet puisse être discuté immédiatement après le scrutin complémentaire du 2 juillet. » (Mouvements divers.)

Si l'Assemblée est constituante, c'est qu'elle a le droit de discuter et de voter une constitution, et ce projet relatif à la forme définitive du gouvernement que devra étudier et élaborer la commission de 15 membres que propose d'élire M. Dahirel, ne peut être qu'un projet de constitution.

Sagit-il de la république ou de la monarchie? M. Dahirel n'en parle pas. L'Assemblée étant en majorité monarchique, on peut nous dire que, dans la pensée de l'auteur de la proposition, le projet de constitution à élaborer ne peut être qu'un projet de constitution monarchique.

Il nous semble qu'il eût été, dès l'abord, plus simple de déclarer ouvertement qu'il s'agissait de restaurer la monarchie ; c'était le moyen de prévenir tout malentendu, et d'éviter que la discussion du fond n'entravât la discussion des formes.

Le fond, c'est la solution de cette question : la France est-elle une république présidentielle ou une monarchie héréditaire et représentative?

La commission chargée d'élaborer le projet sera donc tenue de résoudre cette question. Elle devra décider que la France revient à la monarchie ou que le provisoire républicain devient le définitif.

L'Assemblée reprendra le projet pour le discuter, et usant du droit constituant qu'on lui attribue, elle transformera le projet en loi constituante, en loi fondamentale, c'est-à-dire, qu'elle pourra, dans sa souveraineté absolue, élever de la base au faîte tout l'édifice constitutionnel : lois fondamentales, lois organiques, attributions du pouvoir, prérogative du roi, prérogative de la représentation nationale ; question de savoir s'il y aura une ou deux Chambres élues ; si le rouage sera monté à l'anglaise, à l'américaine ou à la française ; si le pouvoir sera divisé arbitrairement en trois pouvoirs rivaux avec une Chambre haute et une Chambre issue du monopole électoral, comme dans le gouvernement parlementaire ; si l'unité et la vérité de l'autorité royale sera, au contraire, maintenue avec la représentation nationale issue du vote de tous les contribuables du sang et de l'argent, comme dans la constitution de notre vieille monarchie représentative ; toutes ces questions devront être élaborées et résolues, non seulement sans aucun mandat de la nation, mais en l'absence du représentant légitime de la monarchie française.

Tout cela se fera en l'absence du roi. Puis quand tout sera élaboré et voté, quand la quinzième constitution aura été fabriquée, on fera venir le roi, et on lui dira :

Sire, nous avons fait la Charte constitutionnelle, elle est la plus parfaite de toutes les char-

tes ; il y a ceci et cela, nous avons tout prévu.
Ce n'est pas précisément la constitution de 91 ;
ce n'est pas précisément la constitution de
l'an III ; ce n'est pas précisément la constitution
de l'an VIII ; ce n'est pas précisément la constitution impériale, ni même la charte octroyée
par Louis XVIII, ni même la charte retournée
et octroyée par les 219 ; ce n'est certes pas la
constitution de 48, ni celle de 1852 révisée par
le sénatus-consulte de 1869 et le plébiscite cé-
sarien de 1870 ; non, sire, c'est une constitution qui renferme un peu de tout cela ; c'est la
constitution de 1871 étudiée et élaborée soi-
gneusement par quinze commissaires et votée
après discussion par la majorité fusionniste de
l'Assemblée.

Tout est fini : notre œuvre est immortelle,
car elle émane de notre souveraineté absolue.
Entrez, sire, couchez-vous dans le lit de cette
charte.

Vos droits y sont écrits comme ceux du peuple. Régnez en paix, pendant que le nouveau
parlement, élevé dans les idées constituantes,
gouvernera. A partir de cette charte, vous êtes
roi ; en dehors de cette charte, source de vos
droits et des droits du peuple, il n'y a que révolutions nouvelles.

Acceptez, signez et jurez... Nous allons rentrer dans la foule obscure des citoyens, nous,
législateurs et constituants souverains, nous ne

signons rien... la royauté seule s'engage... Nous rentrons dans les rangs du peuple, devenant vos très humbles sujets, tant qu'un article 14, 15 ou 16 de cette charte écrite ne nous paraîtra pas violé...

Les parlementaires de 1830 l'ont pensé ainsi: ils n'eussent pas voté la monarchie, sans cette substitution du droit constituant des Chambres au droit national de la royauté...

Donc, tant que l'article 14, 15 ou 16 de cette nouvelle charte écrite ne nous paraîtra pas violé, nous resterons vos très humbles sujets ; mais du jour où une opposition libérale quelconque, après avoir cherché à vous étouffer dans le lit de la charte écrite, croyant que vous en êtes sorti, voudra vous fusiller, alors le droit constituant que nous avons exercé s'appellera souveraineté du peuple...

M. Dahirel comprend-il ? Certainement nous sommes convaincu de la droiture de ses intentions ; nous croyons qu'il n'a pas vu le danger de sa proposition... Notre argumentation, néanmoins, c'est la logique donnant la main à l'histoire.

La révolution veille, cherchant autour de cette majorité monarchique, honnête et libérale, ce qu'elle pourrait bien encore dévorer.

VII

Donc, le moindre défaut de la proposition Dahirel est de prolonger le provisoire presque autant que le fait la proposition Baze.

Son suprême danger, c'est de lier la monarchie et le monarque absent à une œuvre éphémère, à une création arbitraire, à un morceau de papier qui irait, au bout de 10 ou 15 ans, rejoindre les chartes ses devancières, qu'a emportées le vent des émeutes triomphantes.

Mais le Roi, notre fondé héréditaire de pouvoir, acceptera-t-il ce pacte?

Il y a un droit public, des lois fondamentales d'où découlent, depuis mille ans, les droits de la dynastie capétienne ; il y a un droit public, des lois fondamentales d'où découlent, depuis quinze siècles, les droits représentatifs de la nation. Ce droit national, ces lois fondamentales *contre lesquelles tout ce qui se fait est nul de soi*, sont antérieurs et supérieurs à votre souveraineté de fait et de circonstance, supérieurs et antérieurs à toute constitution écrite ; car ces lois fondamentales, ce droit national *déclaré* en 89 par la nation tout entière unie à la royauté, ne sont autre que la constitution naturelle de la France.

Cette constitution, qui comprend la vieille loi salique et le droit de tous les Français de participer, par leurs représentants, à la confection des lois et au vote de l'impôt, cette constitution seule est l'affirmation de la légitimité, seule elle garantit, œuvre de Dieu, du temps et de la sagesse de nos pères, l'exercice des droits du roi et des droits du peuple qu'elle consacre.

La royauté traditionnelle, qui n'accepte et ne jure, devant la France et devant Dieu, que cette constitution séculaire avec tous les progrès réguliers des temps nouveaux, pourrait vous poser aujourd'hui, par notre voix, cet immuable dilemme :

« Ou vous voulez construire et créer une constitution nouvelle... ou bien vous voulez restaurer la monarchie représentative, conformément aux principes ne notre vieux droit public, le plus illustre du monde.

Dans le premier cas, c'est la révolution qui poursuit la logique de ses négations. Je reste en exil.

Dans le second cas, au lieu de vous déclarer constituant et de faire une œuvre constituante, reconnaissez purement et simplement la monarchie constituée par nos lois fondamentales. »

Rappelez le représentant de cette monarchie et, avec le roi investi de la sanction traditionnelle, vous déclarerez les principes constitutifs de la France.

Mais vous tenterez vainement de restaurer la

monarchie représentative sans le roi, comme le roi ne peut la restaurer qu'avec le concours de la France.

« *Lex fit consensu populi et constitutione regis.* »

VIII

La conséquence logique de notre étude sur la proposition de M. Dahirel est celle-ci :

Supplier l'Assemblée de Versailles, par la voie de la presse et par le pétitionnement collectif et individuel, de vouloir bien mettre fin au provisoire en votant IMMÉDIATEMENT une proposition tendant à reconnaître comme constitutifs les principes fondamentaux du droit public français tels qu'ils ressortent des vœux manifestés en 1789 par nos quarante-quatre mille communes, c'est-à-dire par l'universalité des Français, et tels qu'ils furent sanctionnés et approuvés par la déclaration de Louis XVI lue dans la séance royale du 23 juin.

Nous nous permettrons de soumettre encore une fois à l'appréciation et à l'examen sérieux de nos confrères de la presse monarchique le moyen pratique de salut que nous avons proposé, il y a deux mois, et que nous avons reproduit dans notre brochure, *Place au Droit national de la France.*

L'Assemblée protestant contre l'usurpation

constituante du Jeu de Paume, doit reconnaître la nécessité de rappeler le représentant légitime de l'hérédité monarchique. Après la restauration du droit royal par la liberté française, le roi convoquerait une nouvelle Assemblée nationale élue avec des pouvoirs suffisants pour remettre en vigueur les principes de la constitution naturelle de la France.

Nous demandons, en conséquence, qu'un vœu soit solennellement émis par l'Assemblée, se rapprochant le plus possible de la proposition suivante :

« L'Assemblée, pénétrée des dangers inouïs de la situation, et en présence de l'abîme de plus en plus profond où un radicalisme impie menace de précipiter la France et l'Europe ; l'Assemblée reconnaît comme constitutifs, en France, les principes d'ordre monarchique et de liberté représentative tels qu'ils ont été solennellement et librement rappelés et consacrés par l'unanimité de la nation en 1789 ;

» Convaincue que nos quatre-vingts ans de révolution, que tous les malheurs de la France, que nos funestes divisions, fruit des expérimentations constituantes imposées par les gouvernements qui se sont succédé depuis cette époque, ont leur cause première dans la violation des principes de notre droit national ;

» L'Assemblée émet le vœu que le représentant du principe d'ordre monarchique soit rappelé par la France, et qu'une Assemblée nationale reprenne,

à l'abri de l'autorité constituée par les lois fondamentales, le grand travail de restauration inter-
rompu en 1789. »

Telle est la voie de salut : Un grand devoir
accompli par l'Assemblée et par la France.

Nous rentrerions dans le droit, dans la jus-
tice par la liberté du bien.

La vérité, courageusement reconnue et pro-
clamée, nous délivrerait.

La révolution, inaugurée à Versailles par la
criminelle révolte du Jeu de Paume, serait condamnée, à Versailles même, par une Assemblée française.

Le cercle fatal de la négation révolutionnaire
serait fermé et scellé avec ces mots gravés par
l'histoire : RÉHABILITATION, RÉSURRECTION D'UN
PEUPLE.

Puisse notre faible voix être entendue des
hommes qui tiennent dans leurs mains le salut
de la France et le repos du monde !

LA CONSTITUTION FRANÇAISE

I

La Révolution a été habile dans le choix des
armes que son patriarche Voltaire a fourbies
pour elle. Mentez, calomniez, il en reste toujours quelque chose. Or, comme nous avons
eu l'occasion de le dire, la révolution qui ne
peut donner que la négation de l'ordre et de
la liberté, s'appuie, pour séduire les peuples,
sur les abus causés par le triomphe de ses négations, dans l'ordre politique ou dans l'ordre
religieux, en se vantant audacieusement d'être
la réparatrice universelle et le remède à tous les
maux.

La liberté est le droit divin des peuples ; le
progrès, développement régulier des lois constitutives des sociétés, est le but constant de
l'humanité ; la science est le moyen naturel que
Dieu prête à l'homme pour améliorer sa condition terrestre et pour grandir en dignité en
découvrant les vérités de l'ordre intellectuel,
de l'ordre physique et de l'ordre moral ;
c'est pourquoi la révolution se pose comme la

source des libertés, comme l'initiatrice de tout progrès et de toute science.

Mais comme elle s'anéantirait par l'affirmation des vérités nécesaires à l'humanité, elle est conduite à nier Dieu, l'ordre social, la morale et le droit. Elle aboutit alors à ce que Proudhon appelle la destruction continue sans espoir de reconstitution possible.

Par ses œuvres, la révolution anéantit ses promesses. Peu lui importe ! elle rejette le mal qu'elle fait sur ses victimes. Elle nie la tradition, détruit tous les glorieux souvenirs du passé, veut isoler notre siècle au milieu des temps, et par cette violation de la loi de solidarité des races et des générations, elle conduit les peuples à l'anarchie, à la terreur, au despotisme, aux invasions de la patrie... Qu'importe pourvu que la négation triomphe et règne !

La révolution éloigne les peuples du catholicisme, en représentant le catholicisme, qui est l'universelle affirmation de toute vérité, de toute morale, comme l'ennemi de la liberté des peuples, du progrès de l'humanité, de la raison humaine.

La révolution éloigne les peuples de la légitimité, qui est l'accord traditionnel de l'ordre et de la liberté, des droits du roi et des droits du peuple consacrés par les lois fondamentales, en imaginant un antagonisme entre l'autorité et la liberté, en présentant la royauté fondée par la raison des peuples comme étant la négation de leurs droits, en l'accusant de perdre son origine et ses titres dans la mystérieuse absurdité d'un droit divin imaginaire.

Mettons un terme à ces accusations, à ces sophismes, en leur opposant la vérité des faits, la logique et le sens commun.

II

« Chez les Francs, dit Tacite, la royauté est à l'hérédité, la noblesse est au mérite.

» Les affaires peu importantes sont réglées par les chefs, les autres par la nation. »

—

« Les rois de la première race ne décidaient aucune question de quelque importance sans l'assentiment des assemblées nationales. Brunehaut ayant proposé à Clotaire II de prononcer sur une question délicate, le roi répondit : « Le premier pas à faire, c'est de consulter la nation comme la coutume l'ordonne. Ce n'est pas une vaine cérémonie que je peux négliger, mais un droit inviolable auquel je ne dérogerai jamais. Puis il ajoute en termes formels : « La nation n'aura pas plus tôt parlé qu'il sera de son devoir et qu'il s'empressera de se conformer à tout ce qu'elle aura jugé convenable de prescrire. » (Introduction au *Moniteur* de 1789.)

—

« Dans les premiers temps de la monarchie, les ecclésiastiques constitués en dignité et les grands officiers de la couronne ne formaient pas les seuls membres de l'Assemblée de la nation. Le peuple ou le corps entier des hommes libres avait le droit d'y assister, soit en personne, soit par des députés qui le représentaient. » (Robertson.)

Charlemagne, interrogé au sujet de certains droits fiscaux qu'on croyait favorables aux comtes, répondit :

« Consultez la loi salique, et si elle est muette, adressez-vous à l'assemblée générale. »

Un capitulaire de l'an 803 disait encore :

« Que le peuple soit interrogé sur les capitulaires qui ont été nouvellement ajoutés à la loi, et quand tous auront consenti, qu'ils fassent leurs souscriptions et confirmations à ces capitulaires. »

Ces capitulaires résumaient ainsi tout notre droit public :

Lex fit consensu populi et constitutione regis.

Philippe Pot, député aux Etats de 1484, disait :

« Comme l'histoire le raconte et comme je l'ai appris de mes pères, les rois sortent de la nation. »

———

« Aux mêmes souvenirs, dit Augustin Thierry, se rattachent encore ce principe fondamental de l'obligation pour le roi de ne rien décider d'important sans l'avis de ses barons, sans le concours d'une assemblée délibérante, et cet autre principe que « *l'homme n'est justiciable que de ses pairs, et ne peut être taxé que de son propre consentement, par action libre et non par contrainte.* »

Voici l'opinion de Philippe de Commines :

« Y a-t-il un roy ni seigneur sur terre qui ait pouvoir, outre son domaine, de mettre un denier sur ses sujets, sans octroy et consentement de ceux qui le doivent payer, sinon par tyrannie ou contrainte ? »

———

Saint Louis avait donné pour précepte à son fils de ne lever jamais rien sur ses sujets que de leur gré et consentement.

———

Masselin, aux Etats de 1488, s'écrie : « Si le

prince apprend qu'un tribut, même modéré, est devenu inutile, il doit sur-le-champ en décharger le peuple ; il le doit, c'est un devoir et non une grâce. Le peuple, dans une monarchie, a des droits et une vraie propriété, puisqu'il est libre et non esclave. »

Les mêmes Etats de 1488 déclarent : «...Qu'ils n'entendent pas que dorénavant on mette sur aucune somme de deniers sans les appeler, mais que ce soit de leur vouloir et consentement, *en gardant et observant les libertés et priviléges du royaume.* »

—

Le conventionnel Thibeaudeau, dans son *Histoire des Etats-Généraux,* s'exprime en ces termes remarquables au sujet des droits politiques dont jouissaient nos pères :

« Depuis le plus petit village, dit-il, jusqu'à la capitale, tous les manants et habitants, de quelque état et condition qu'ils fussent, participaient à l'exercice des droits politiques. Ils avaient le droit de concourir directement à la rédaction des cahiers de doléances et remontrances, c'est-à-dire *d'exposer leurs vues et leurs opinions sur toutes les affaires de l'Etat.* Ils concouraient directement ou indirectement à l'élection des représentants de la nation : *c'était le suffrage libre, universel, avec plusieurs degrés.* On était électeur, éligible, sans

aucune condition de propriété, de cens, de ca-
pacité, en payant une contribution quelconque,
comme pour être citoyen actif. Point de scrutin
secret, toutes les élections se faisaient à haute
voix. L'indemnité attribuée aux députés agran-
dissait le cercle des candidats. En acceptant
leur mission, les députés s'obligeaient à pré-
senter les cahiers de leurs commettants. Les
pouvoirs mêmes, ou mandats impératifs, *mal-
gré leur inconvénient*, témoignaient de la
puissance du peuple et de sa liberté. »

Le grand Sully écrivait à Henri IV : « Les le-
vées de deniers , pour produire bien et jamais
mal, ne se faisaient que par le commun consentement des peuples qui les payaient.

III

Après les droits primitifs du peuple, faisons
connaître le droit national de la royauté française.

Sept grandes preuves historiques établis-
sent la légitimité nationale de la dynastie capétienne :

1° Le principe d'élection dominait celui de
l'hérédité dans l'élévation des rois de la deuxième
race. Hugues Capet ne violait pas la loi de suc-

cession, alors en vigueur, puisqu'il l'appliquait.

2° Louis, fils de Lothaire, meurt sans enfants, et, à son lit de mort, il désigne pour lui succéder Hugues Capet. On cite à l'appui de ce fait la chronique d'Odoran.

3° Charles, duc de Lorraine, oncle de Louis, après avoir porté les armes contre sa patrie, se déclara volontairement le vassal de l'Empire d'Allemagne, en faisant hommage à Othon de son duché de Lorraine.

4° Hugues Capet fut élu par une Assemblée de barons, seule représentation possible sous le régime féodal, et qui avait déjà élevé au trône Eudes et Raoul, grand-oncle et aïeul de Hugues Capet.

5° L'assentiment explicite de toutes les générations représentées par les grandes assemblées nationales et les assemblées des communes et états provinciaux qui ont été tenus depuis cette époque jusqu'à Louis XVI.

7° Enfin, six millions de Français convoqués par Louis XVI, en 1789, reconnurent et proclamèrent le droit monarchique héréditaire dans la personne de Louis XVI et de ses descendants de mâle en mâle, et par ordre de primogéniture.

Est-ce là du droit divin? n'est-ce pas plutôt une perpétuelle manifestation de la souveraineté nationale?

« L'avénement de la troisième race, dit Augustin Thierry, est dans notre histoire nationale d'une bien autre importance que celui de la seconde. L'IDENTITÉ NATIONALE EST LE FONDEMENT SUR LEQUEL REPOSE DEPUIS TANT DE SIÈCLES L'UNITÉ DE LA DYNASTIE. »

Massillon a pu s'écrier devant l'héritier de Louis XIV :

« Sire, c'est le choix de la nation qui mit d'abord le sceptre entre les mains de vos ancêtres. C'est elle qui les éleva sur le bouclier militaire et les proclama souverains. Le royaume devint ensuite l'héritage de leur successeur, mais ILS LE DURENT ORIGINAIREMENT AU CONSENTEMENT LIBRE DE LEURS SUJETS. »

Tout cela prouve qu'en France, si les rois sont héréditaires, les dynasties sont élues... Un édit de Louis XV confirme cette vérité qui est une de nos lois fondamentales :

Edit de Louis XV — juillet 1717.

» Nous espérons que Dieu, qui conserve la maison royale depuis tant de siècles, ne lui sera pas moins favorable à l'avenir, et que, la faisant durer autant que la monarchie, il détournera par sa bonté le malheur qui avait été l'objet de la prévoyance de son roi (l'extinction de la dynastie); mais si la nation française éprouvait jamais ce malheur, CE SERAIT A LA NATION MÊME DE LE RÉPARER PAR LA SAGESSE DE SON CHOIX. Nous savons que notre couronne n'est à nous que pour le bien et le salut de l'Etat, et que par conséquent l'Etat seul aurait le droit d'en disposer en un tel événement que nos peuples ne prévoient qu'avec peine. Nous croyons devoir à une nation si fidèlement et si invariablement fixée à la maison de ses rois *de ne pas prévenir le choix qu'elle aurait à faire*, si pareil malheur arrivait. »

———

Consulté par Louis XVI sur les principes de la constitution française, le Parlement de Paris répondit, dans son arrêt du 3 mai 1788 :

« La France est une monarchie gouvernée par le roi, suivant les lois, et ces lois, dont plusieurs sont fondamentales, consacrent :

» 1° Le droit de la maison régnante au trône, de mâle en mâle, par ordre de primogéniture ;

» 2° Le droit de la nation d'accorder librement des subsides par l'organe des Etats-Généraux régulièrement convoqués et composés ;

» 3° Les coutumes et les capitulations des provinces ;

» 4° L'inamovibilité des magistrats ;

» 5° Le droit de chaque citoyen de n'être jamais traduit, en aucune manière, par-devant d'autres juges que ses juges naturels ;

» 6° Le droit de chaque citoyen de n'être arrêté, par quelque ordre que ce soit, que pour être remis, sans délai, entre les mains des juges compétents. »

Après les parlements, ce fut la cour des aides qui, par l'organe de Lamoignon, disait au roi :

« De toutes les lois qui constituent le droit public du royaume, aucune n'est plus constante, ni plus précieuse à la nation, que celle qui défend de lever des impositions qui ne sont pas votées librement...

» Nous sommes dans la nécessité de rappeler à Votre Majesté *les lois fondamentales de la monarchie et les véritables principes du gouvernement français.* »

—

Mgr Latil disait à Charles X le jour de son sacre : « Sire, ce n'est point l'onction que nous répandons sur vous qui vous confie aucun droit sur la couronne ; ce droit, vous le tenez de vos ancêtres et des Assemblées nationales. »

En effet, sans parler des assemblées communales et provinciales régulièrement tenues, chaque année, pendant des siècles, plus de quarante assemblées nationales des Etats généraux avaient, depuis Philippe-le-Bel jusqu'à Louis XVI, consacré des droits de la dynastie.

—

Tous ces principes de la constitution française, du droit public français se retrouvent dans la déclaration de Louis XVI, en date du 23 juin 1789.

Tous ces principes, enfin, furent consignés dans les cahiers de nos quarante-quatre mille communes.

Ces cahiers, contenant les vœux formels de la nation consultée par Louis XVI, furent dépouillés par l'Assemblée nationale, et M. de Clermont-Tonnerre, rapporteur de la commission de constitution, résuma ainsi les principes déclarés par l'unanimité des Français, dans la séance du 25 juillet 1789 :

« 1° *Le gouvernement monarchique, l'inviolabilité de la personne sacrée du roi et l'hérédité de la couronne de mâle en mâle*, sont également reconnus et consacrés par le plus grand nombre de cahiers et ne sont mis en question par aucun ;

» 2° Le roi est également reconnu *comme dépositaire de toute la plénitude du pouvoir exécutif ;*

» 3° *La responsabilité de tous les agents de l'autorité est réclamée généralement ;*

» 4° Quant au pouvoir législatif, la pluralité des cahiers le reconnaît comme *résidant dans la représentation nationale, sous la clause de la sanction royale*, et il paraît que cette maxime ancienne des capitulaires, *lex fit consensu populi et constitutione regis*, est presque généralement consacrée par vos commettants.

› Quant à la durée, le plus grand nombre a demandé la périodicité des Etats généraux , et il a voulu que ce retour périodique ne dépendît ni des intérêts ni de la volonté des dépositaires de l'autorité.

» *La nécessité du consentement à l'impôt est établie par tous les cahiers.*

» Quant aux corps administratifs ou Etats provinciaux, tous les cahiers vous demandent leur établissement.

» L'inviolabilité de la personne des députés est reconnue par le plus grand nombre des bailliages, elle n'est contestée par aucun.

» Enfin, les droits des citoyens, la liberté, la propriété, sont réclamés par toute la nation française. Elle réclame pour chacun de ses membres l'inviolabilité des propriétés particulières, comme elle réclame pour elle-même l'inviolabilité de la propriété publique. Elle réclame dans toute son étendue la liberté individuelle, la liberté de la presse, etc. »

Ajoutons que l'accord de la royauté et de la nation entière se manifesta à cette grande époque : Louis XVI, dans son admirable et solennelle *déclaration* du 23 juin 1789, avait adhéré, en les confirmant, à tous les principes d'ordre et de libertés proclamés par la nation.

De Maistre, en présence de cette admirable constitution française, s'exprime ainsi :

« Si l'on peut approfondir la question, on trouvera, dans les monuments du droit public français, des caractères et des lois qui élèvent la France au dessus de toutes les monarchies connues. . . . .

» Tout se réunit pour établir que les Français ont sous leurs mains, dans tous les monuments de leur histoire et de leur législation, tout ce qu'il faut pour les rendre l'honneur et l'envie de l'Europe. »

———

En 1814, à propos de la charte anglaise octroyée par Louis XVIII, d'après les conseils de Talleyrand et d'Alexandre, M. de Villèle s'écriait :

« La lassitude générale permettra, peut-être,
» de faire marcher quelque temps cette œuvre
» d'égoïsme et d'imprévoyance ; mais au pre-
» mier choc elle croulera, *et nous rentrerons*
» *en révolution.*

» Gardons les institutions qui nous convien-
» nent, ayons la sagesse et la noble fierté de
» croire qu'elles sont aussi bonnes pour nous
» que celles de nos voisins le sont pour eux ,
» et ne nous croyons pas plus qu'eux réduits
» à aller chercher hors de chez nous le mo-
» dèle de la constitution..... Revenons à la
» constitution de nos pères, à celle qui est con-
» forme à notre caractère national, qui est dans
» le sens de nos opinions, qui a été gravée en
» traits ineffaçables dans le cœur de tous les

» Français. Les parties de notre ancienne orga-
» nisation qui ont souffert nous coûteront
» moins à réparer que les nouvelles institu-
» tions ne coûteraient à établir. L'expérience
» et l'opinion publique commandent la pre-
» mière de ces mesures et se réunissent pour
» faire rejeter les autres. »

En nous bornant à ces citations et à ces faits,
nous pouvons conclure :

Tels sont les titres de la glorieuse dynastie,
représentée aujourd'hui par l'auguste exilé de
Frohsdorff, par le petit-fils de Henri IV et de
Louis XIV. Tel est le droit national de la monarchie dont Mgr le comte de Chambord est la per-
sonnification devant l'histoire.

CONCLUSION

—

La France a été jetée, par le fait des révolutions, en dehors des conditions traditionnelles et logiques de sa vie nationale. Or, le progrès, pour une nation comme pour tout individu et tout être organisé, étant le développement des lois constitutives, il s'ensuit, selon le mot de Bossuet, que tout ce qui se fait en dehors de ces lois est nul de soi.

Nous sommes en révolution : toute entreprise, tout essai d'amélioration législative se rapportant aux questions sociales et économiques sont et ne peuvent qu'être entachés de révolution. La lutte et la contradiction, les malentendus et l'esprit de système qui dominent et inspirent l'action néfaste des partis, doivent pénétrer dans la législation. Les caractères de toute loi, prétendue organique, votée par les partis non réconciliés dans l'unité du droit public français, doivent être le provisoire, l'imperfection et la caducité. Il nous faut sortir de la révo-

lution et rentrer dans notre droit national, c'est-
à-dire nous remettre, par l'accomplissement
du devoir, sous l'influence divine des principes
qui ont constitué la France, pour reprendre la
voie du progrès régulier.

Une parole véritablement inspirée vient de
dire : JE SUIS LA RÉFORME, PARCE QUE JE SUIS
L'ORDRE ET LE DROIT.

La réforme, nous l'avons dit, c'est l'opposé
de la révolution.

Réformer, c'est revenir à l'ancienne forme en
la perfectionnant d'après les lois qui lui sont
propres ; c'est réaliser le progrès par le développement des principes, c'est perfectionner le
commencement.

La Révolution renverse, fait table rase et
laisse le néant pour tout édifice, parce qu'elle
est la *négation continue, sans espoir de reconstitution possible...* c'est Proudhon qui l'a dit.

Comprend-on le cri du comte de Chambord :
JE SUIS LA RÉFORME, car je personnifie le principe de l'ordre moral, l'autorité fondée sur le
droit consacré par la loi fondamentale ?

Pour le peuple, reconnaître ce principe d'ordre moral, c'est faire son devoir, c'est reprendre l'œuvre de la civilisation et de progrès interrompue par la révolution, c'est se soumettre
à la vérité politique, c'est rentrer dans la
liberté.

Comprend-on aussi pourquoi nous avons,
dès le début de la session, depuis le 8 février,

depuis le discours tristement célèbre prononcé par M. Thiers, à Bordeaux, protesté contre le système de provisoire indéfini? pourquoi nous avons fait à M. Thiers cette opposition qu'inspira seule l'ardeur de notre patriotisme et de nos convictions légitimistes, quand nous eûmes connu le funeste programme du chef du pouvoir exécutif, voulant réorganiser la France, refaire la grande nation, avant de la remettre en possession d'un gouvernement définitif?

Ce programme était le contraire de la vérité, et l'expérience, comme toujours, a justifié la raison. L'esprit public, un instant entraîné par les habiles, est tout entier soulevé, à cette heure, contre le provisoire désastreux de M. Thiers..... qui veut meubler l'édifice avant de l'avoir construit ; car, remarquez-le bien, cette expression banale : meubler une maison avant de l'avoir construite, résume exactement la politique actuelle de M. Thiers..... Pendant que M. Thiers *organise*, l'orage et les voleurs emportent et brisent les meubles, même ceux de l'hôtel de la place Saint-Georges !

Toutes les intelligences, toutes les aptitudes d'un peuple occupées à légiférer, en restant dans la révolution, nous paraissent subir, depuis 80 ans, le supplice de Sisyphe.

Le roc constituant monte et retombe, tous les dix ans, sur nos infortunés législateurs guidés par les habiles : *Irridebit eos...* On ne voit pas que Dieu se rit de nous.

Dieu se rit de nous, parce que nous voulons légiférer, organiser, sauver, en nous obstinant à maintenir la cause logique de notre désorganisation et de notre ruine.

Nous pataugeons depuis 89 dans les fantaisies constituantes des partis se renversant les uns les autres, au lieu de reconnaître ce qui est constitué ; car c'est là qu'est le plus pressé. Voilà pourquoi, goutte d'eau qui creuse le marbre, depuis vingt-deux ans, fidèle à la doctrine de mes maîtres, je développe, sous mille formes, l'idée mère qui contient le salut et qu'Henri V vient de formuler dans ce cri qui est un suprême appel à la raison publique :

LA PAROLE EST A LA FRANCE.

Les députés de la France monarchique ont devant eux la voie tracée, la voie droite, la voie royale.

Rappelons Celui qui tient *dans sa main la vieille épée de la France, et dans sa poitrine le cœur d'un roi et d'un père qui n'a point de parti.*

JE SUIS LA RÉFORME ! vient de nous dire, en affirmant son droit, l'enfant de Robert le Fort.

Rappelons nationalement le Roi pour reprendre la réforme au point où la révolution du Jeu de Paume l'interrompit.

Ah ! si l'on pouvait voir comme nous, avec les yeux de la raison et de la foi, le règne immortel qui se prépare... comme on se hâterait de mettre fin au petit provisoire de M. Thiers ! !

Qu'importe ! il sera appelé... Dieu le veut... parce qu'il est l'ordre et le droit.

FIN

TABLE DES MATIÈRES

Imprimerie MÉLANIE DUPIN, rue de la Pomme, 28.